Giovanni Pascoli

Poemi

[19

AD ALFREDO STRACCALI
A FEDELE ROMANI
A GIOVANNI SETTI
SANTI CUORI CHE NON BATTONO PIU'
NOBILI MENTI CHE PENSANO ANCORA
DOLCI MEMORIE CHE RESTERANNO
SEMPRE

PAULO UCELLO

CAP. I

In prima come Paulo dipintore fiorentino s'invogliò
d'un monachino o ciuffolotto e non poté comprarlo e
allora lo dipinse.

Di buona ora tornato all'abituro
Paulo di Dono non finì un mazzocchio
ch'egli scortava. Dipingea sul muro

un monachino che tenea nell'occhio
dalla mattina, che con Donatello
e ser Filippo era ristato a crocchio.

Quelli compravan uova. Esso un fringuello
in gabbia vide, dietro il banco, rosso
cinabro il petto, e nero un suo mantello;

nero un cappuccio ed un mantello indosso.
Paulo di Dono era assai trito e parco;
ma lo comprava, se ci aveva un grosso.

Ma non l'aveva. Andò a dipinger l'arco
di porta a San Tomaso. E gli avveniva
di dire: E` un fraticino di San Marco.

Ne tornò presto. Era una sera estiva
piena di voli. Il vecchio quella sera
dimenticò la dolce prospettiva.

Dipingea con la sua bella maniera
nella parete, al fiammeggiar del cielo.
E il monachino rosso, ecco, lì era,

posato sopra un ramuscel di melo.

CAP.II
Della parete che Paulo dipingeva nella stanzuola, per sua gioia, con alberi e campi in prospettiva.

Ché la parete verzicava tutta
d'alberi: pini dalle ombrelle nere
e fichi e meli; ed erbe e fiori e frutta.

E sì, meraviglioso era a vedere
che biancheggiava il mandorlo di fiori,
e gialle al pero già pendean le pere.

Lustravano nel sole alti gli allori:
sur una bruna bruna acqua di polle
l'edera andava con le foglie a cuori.

Sorgeva in fondo a grado a grado un colle,
o gremito di rosse uve sui tralci
o nereggiante d'ancor fresche zolle.

Lenti lungo il ruscello erano i salci,
lunghi per la sassosa erta i cipressi.
Qua zappe in terra si vedean, là falci.

E qua tra siepi quadre erano impressi
diritti solchi nel terren già rotto,
e là fiottava un biondo mar di messi.

E là, stupore, due bovi che sotto
il giogo aprivan grandi grandi un solco,
non eran grandi come era un leprotto

qua, che fuggiva a un urlo del bifolco.

CAP. III
Come in essa parete avea dipinti d'ogni sorta uccelli, per dilettarsi in vederli, poi che averli non poteva.

E uccelli, uccelli, uccelli, che il buon uomo
via via vedeva, e non potea comprare:
per terra, in acqua, presso un fiore o un pomo:

col ciuffo, con la cresta, col collare:
uccelli usi alla macchia, usi alla valle:
scesi dal monte, reduci dal mare:

con l'ali azzurre, rosse, verdi, gialle:
di neve, fuoco, terra, aria, le piume:
con entro il becco pippoli o farfalle.

Stormi di gru fuggivano le brume,
schiere di cigni come bianche navi
fendeano l'acqua d'un ceruleo fiume.

Veniano sparse alle lor note travi
le rondini. E tu, bruna aquila, a piombo
dal cielo in vano sopra lor calavi.

Ella era lì, pur così lungi! E il rombo
del suo gran volo, non l'udian le quaglie,

non l'udiva la tortore e il colombo.

Sicuri sulle stipe di sodaglie,
tranquilli su' falaschi di paduli,
stavano rosignoli, forapaglie,

cincie, verle, luì, fife, cuculi.

CAP. IV
Come mirando le creature del suo pennello non disse l'Angelus e fu tentato.

Poi che senza né vischio ebbe né rete
anche, nella stanzuola, il ciuffolotto,
Paulo mirò la bella sua parete.

E non udì che gli avea fatto motto
la vecchia moglie; e non udì sonare
l'Avemaria dal campanil di Giotto.

Le creature sue piccole e care
mirava il terziario canuto
nella serenità crepuscolare.

E non disse, com'era uso, il saluto
dell'angelo. Saliva alla finestra
un suono di vivuola e di leuto.

Chiara la sera, l'aria era silvestra:
regamo e persa uliva sui balconi,
e giuncava le vie fior di ginestra.

Passeri arguti empìan gli archi e gli sproni

incominciati di ser Brunellesco.
Cantavano laggiù donne e garzoni.

C'era tanto sussurro e tanto fresco
intorno a te, Santa Maria del fiore!
E Paulo si scordò Santo Francesco,

e fu tentato, e mormorò nel cuore.

CAP. V
Della mormorazione che fece Paulo, il quale avrebbe pur voluto alcun uccellino vivo.

Pensava: "Io sono delle pecorelle,
Madonna Povertà, di tua pastura.
E qui non ha né fanti né fancelle.

E vivo di pan d'orzo e d'acqua pura.
E vo come la chiocciola ch'ha solo
quello ch'ha seco, a schiccherar le mura.

Oh! non voglio un podere in Cafaggiolo,
come Donato: ma un cantuccio d'orto
sì, con un pero, un melo, un azzeruolo.

Ch'egli è pur, credo, il singolar conforto
un capodaglio per chi l'ha piantato!
Basta. Di bene, io ho questo in iscorto,

dipinto a secco. E s'io non son Donato,
son primo in far paesi, alberi, e sono
pur da quanto chi vende uova in mercato.

Ora, al nome di Dio, Paulo di Dono
sta contento, poderi, orti, a vederli:
ma un rosignolo io lo vorrei di buono.

Uno di questi picchi o questi merli,
in casa, che ci sia, non che ci paia!
un uccellino vero, uno che sverli,

e mi consoli nella mia vecchiaia".

CAP. VI
Come santo Francesco discese per la bella prospettiva che Paulo aveva dipinta, e lo rimbrottò.

Cotale fu la mormorazione,
sommessa, in cuore. Ma dagli alti cieli
l'intese il fi di Pietro Bernardone.

Ecco e dal colle tra le viti e i meli
Santo Francesco discendea bel bello
sull'erba senza ripiegar gli steli.

Era scalzo, e vestito di bigello.
E di lunge, venendo a fronte a fronte,
diceva: "O frate Paulo cattivello!

Dunque tu non vuoi più che, presso un fonte,
del tuo pezzuol di pane ora ti pasca
la Povertà che sta con Dio sul monte!

Non vuoi più, frate Paulo, ciò che casca
dalla mensa degli angeli, e vorresti
danaro e verga e calzamenti e tasca!

O Paulo uccello, sii come i foresti
fratelli tuoi! Ché chi non ha, non pecca.
Non disfare argento, oro, due vesti.

Buona è codesta, color foglia secca,
tale qual ha la tua sirocchia santa,
la lodoletta, che ben sai che becca

due grani in terra, e vola in cielo, e canta".

CAP. VII
Come il santo intese che il desìo di Paulo era di poco ed ei gli mostrò che era di tanto.

Così dicendo egli aggrandìa pian piano,
e gli fu presso, e con un gesto pio
gli pose al petto sopra il cuor la mano.

Non vi sentì se non un tremolìo,
d'ale d'uccello. Onde riprese il Santo:
"O frate Paulo, poverel di Dio!

E` poco a te quel che desii, ma tanto
per l'uccellino che tu vuoi prigione
perché gioia a te faccia del suo pianto!

E' bramerebbe sempre il suo Mugnone
o il suo Galluzzo, in cui vivea mendico
dando per ogni bruco una canzone.

O frate Paulo, in verità ti dico
che meglio al bosco un vermicciòl gli aggrada

che in gabbia un alberello di panico.

Lasciali andare per la loro strada
cantando laudi, il bel mese di maggio,
odorati di sole e di rugiada!

A' miei frati minori il mio retaggio
lascia! la dolce vita solitaria,
i monti, la celluzza sur un faggio,

il chiostro con la gran cupola d'aria!"

CAP. VIII
Come il santo partendosi da Paulo, che pur bramava sì piccola cosa, disse a lui una grande parola.

Partiva, rialzando ora il cappuccio:
ché con l'ignuda Povertà tranquilla
Paulo avea pace dopo il breve cruccio.

Lasciava Paulo, al suono d'una squilla
lontana, quando quel tremolìo d'ale
d'uccello vide nella sua pupilla.

Ne lagrimò, ché ben sapea che male
non era in quel desìo povero e vano,
ch'unico aveva il fratel suo mortale.

Venìa quel suono fievole e lontano
di squilla, lì dai monti, da un convento
che Paulo vi avea messo di sua mano.

Veniva il suono or sì or no col vento,

dai monti azzurri, per le valli cave;
e cullava il paese sonnolento.

Santo Francesco sussurrò: "Di' Ave
Maria"; poi senza ripiegar gli steli
movea sull'erba, e pur dicea soave:

"Sei come uccello ch'uomini crudeli
hanno accecato, o dolce frate uccello!
E cerchi il sole, e ne son pieni i cieli,

e cerchi un chicco, e pieno è l'alberello".

CAP. IX
Come il santo gli mostrò che gli uccelli che Paulo aveva dipinti, erano veri e vivi anch'essi, e suoi sol essi.

E lontanando si gettava avanti,
a mo' di pio seminator, le brice
cadute al vostro desco, angeli santi.

Paulo guardava, timido, in tralice.
Le miche egli attingeva dallo scollo
del cappuccio, e spargea per la pendice.

Ecco avveniva un murmure, uno sgrollo
di foglie, come a un soffio di libeccio.
Scattò il colombo mollemente il collo.

Si levava un sommesso cicaleccio,
fin che sonò la dolce voce mesta
delle fedeli tortole del Greccio.

Dal campo, dal verzier, dalla foresta
scesero a lui gli uccelli, ai piedi, ai fianchi,
in grembo, sulle braccia, sulla testa.

Vennero a lui le quaglie coi lor branchi
di piccolini, a lui vennero a schiera
sull'acque azzurre i grandi cigni bianchi.

E sminuiva, e già di lui non c'era,
sui monti, che cinque stelline d'oro.
E, come bruscinar di primavera,

rimase un trito becchettìo sonoro.

CAP. X
All'ultimo come cantò il rosignolo, e Paulo era addormito.

E poi sparì. Poi, come fu sparito,
l'usignolo cantò da un arbuscello,
e chiese dov'era ito... ito... ito...

Ne stormì con le foglie dell'ornello,
ne sibilò coi gambi del frumento,
ne gorgogliò con l'acqua del ruscello.

E tacque un poco, e poi sommesso e lento
ne interrogò le nubi a una a una;
poi con un trillo alto ne chiese al vento.

E poi ne pianse al lume della luna,
bianca sul greto, tremula sul prato;

che alluminava nella stanza bruna

il vecchio dipintore addormentato.

ROSSINI

PRELUDIO

Di sghembo entrò, cantarellando roco,
nella sua stanza, e s'avviò pian piano
alla finestra. Aveva, dentro, il fuoco.

Nella via scura, ormai deserta, un coro
ebbro e discorde si perdea lontano.
Ma il cielo pieno era di note d'oro.

Era la Lira, appesa al cielo, in riva
della Galassia, sovra il monte santo.
Al soffio eterno ella da sé tinniva.

Al suo tinnir cantava il Cigno immerso
nell'onde bianche, e col suo grande canto

placido navigava l'Universo.

Ma no: Rossini non udìa che quelle
voci ebbre e scabre. L'uggiolìo terreno
velava tutto il canto delle stelle.

Prese una carta e la lasciò cadere.
S'alzò, sedé, non la guardò nemmeno.
La carta piena era di note nere.

Imprecò muto. Minacciò per aria
Otello e Iago. Prese un foglio, e disse:
"Che altro occorre? una romanza? un'aria?

Assisa a piè..." Rise, e piantò nel cielo
della sua stanza due pupille fisse.
Pensava a un roseo fiore senza stelo...

Poi sbadigliò, poi chiuse pari pari
gli occhi, e nella dolcezza di quell'ora
dormì, sbuffando il sonno dalle nari.

Quegli stridori come d'aspra sega
stupì la Lira risonante ancora
del cilestrino tremolìo di Vega;

e sobbalzò dall'angolo solingo
il clavicembalo, e ronzava a lungo...

CANTO PRIMO

I.

E si levò la Parvoletta in pianto.
Piangea, la povera anima, e mirava
il suo fratello rauco gramo franto...

"Se tu crescesti, se, qual ero, io resto,
piccola, perché farne la tua schiava,
di me che nacqui, tu lo sai, più presto?"

Piangea la semplice anima fanciulla:
"Sono più grande! Quando tu, smarrito
del mondo immenso, pigolavi in culla,

io era là, tra l'ombre mute e sole,
fui io che il tenero umido tuo dito
guidai ver' gli occhi di tua madre e il sole!

Fui io che prima, per un tuo gran male,
ti dissi, St! ascolta!... Una soave
nenia sonava presso il tuo guanciale.

E tu la udisti, e ti chetavi, attento
attento, di sulla tua lieve nave
che uguale uguale dondolava al vento...

Io, che così, con una piuma, il viso
ti vellicai, che tu torcesti alquanto
le labbra, e nacque il primo tuo sorriso!

Io, che picchiando sulla sponda un giglio,
battevo il tempo, e tu movesti al canto
la bocca, e nacque il tuo primo bisbiglio!

Io, che girai, per darti gioia, il talco
d'una stellina, che agitai gli squilli
d'un sistro, onde stridivi come un falco

di nido; e quando, solo, in mano a Dio,
restavi, a sera, in casa, coi gingilli
tuoi, bono bono, era che c'ero anch'io!"

II

Lagrime salse le piovean dagli occhi.
Piangea la povera anima, una mano
sul tenue seno e l'altra sui ginocchi.

"Oh! la tua buona Parvola, che chiudi
sola, laggiù, nel carcere lontano,
pieno di spettri e di fantasmi nudi!

E mi spaura, chiusa in fondo anch'ella
come son chiusa io così pura e saggia,
fragrante ancora dell'odor di stella,

la Bestia, ahimè! che mangia e ringhia e freme
sopra il presepe, e scalpita selvaggia
tutta la notte! Noi vegliamo insieme,

la Bestia e io! così che i dolci modi
che ti cantai, che andavi zingarello
di fiera in fiera, ora non più tu li odi.

Allor, sul carro, io ti mutava in note
d'una viola e d'un violoncello
lo strido assiduo delle trite rote.

A cui, crescendo, s'aggiungean fanfare
di trombe e corni, ed, ecco, un infinito
coro di voci alte nel cielo e chiare.

Giungeva sempre più canoro il nembo
sopra il tuo capo pendulo, sopito,
ch'allor tua madre s'accostava al grembo.

Passava il nembo, lontanava l'inno
con le grandi ali tremole e sonore,
lasciando alfine un sol, di sé, tintinno,

piano, più piano... era dell'arpa mia...
e tu la udivi con l'orecchio al cuore
della tua madre, per la lunga via..."

III

Poi disse: "Pensa al giorno, così lento,
quand'eri messo a lavorare il ferro.
Movevi tu da striduli otri il vento.

E quattro fabbri mezzo neri e nudi
traeano il masso dal carbon di cerro
e lo battean sull'echeggiante incudine.

Ero con te. Battevo lieve l'ale
assecondando quell'ansar concorde
e quello squillo de' martelli uguale.

Toccavo un poco l'arpa tra il lavoro
sonante, e il suono tu delle mie corde

udivi sotto il muto gesto loro.

Io nel gran bosco ch'urla al nembo ignoto,
fo che tu senta il canto d'un uccello
che gonfia il collo ed apre il becco a vuoto.

Io fo che in mezzo ad un crosciar di frane
e di valanghe, là, d'un paesello
soavi e piane oda le tre campane.

Io per te colgo il suono d'ogni cosa.
Su tutte io picchio le mie tenui dita,
stelle del cielo o petali di rosa.

Di tutte io sento il dolce flutto occulto,
il cadenzato palpito di vita,
la gioia e il pianto, il riso ed il singulto.

E tu mi scacci! E chiudi me che volo!
che senza me, per te sarebbe il mondo
tutto silenzio! un grande fragor solo!

Ma, non so come, tutto quel fragore
interminabile, io te lo nascondo
dietro il ronzio d'un'ape attorno un fiore".

Parlava; e l'altro udiva in sogno; anch'esso,
il clavicembalo; e fremea sommesso.

CANTO SECONDO

I

La Parvoletta volse gli occhi muta
alle sue stelle. Erano nuove ancora,
ancora ansanti della lor venuta:

come quand'ella dirigea la prora
tra queste e quelle, stando presso al bianco
timonier cauto che attendea l'aurora;

o quando sola era a vegliar tra il branco
ed i pastori: ella sentìa crosciare
le foglie secche ad un mutar di fianco.

Sola vegliava la crepuscolare
pia fanciulletta sulla terra oscura,
soletta sull'irrequieto mare.

Mirava in alto, alta gentile e pura.
Ed era pieno anche lassù d'erranti,
navi sull'onde, greggi alla pastura;

di lenti carri, d'uomini giganti,
pieno di draghi, pieno di chimere;
e risonava anche lassù di pianti.

Vedeva dietro sartie nere o nere
quercie passare il cielo a poco a poco.
Nascean le stelle al puro suo vedere.

Poi si spegneano come in terra il fuoco.
Raggiava allora qualche striscia viva
come gli stami dentro fior di croco.

Era l'eternamente fuggitiva...
- Son come te: la prima: avanti giorno:
rorida e fresca anche nell'afa estiva -

dicea fuggendo. - Fuggo sì, ma torno
sempre! - Ed il sole ecco appariva truce
e solo; e tutti, con un guardo intorno,

traeva dietro il gran carro di luce.

II

E si scopriva, il mondo, a lei! Ma quanto
ella vedeva, ella voleva, piena
di meraviglia, e lo chiedea col canto.

Tutto chiedeva l'esile Sirena
con dolci lodi: anche, prendeva andando
una conchiglia od uno stel d'avena;

e vi soffiava l'alito suo blando,
che ciò che amava e trascorrea veloce,
sostasse un poco, udisse il suo dimando.

Tutto fluiva verso la sua foce.
Ella ascoltava, ella cantava a prova
gittando lor di terra la lor voce.

In mezzo a tanta meraviglia nuova
era quaggiù come l'uccello, attento
da un ramo o di sulle sue tepide ova:

studia e rifà le querule acque, e il vento
cupo, e la pioggia stridula, e, nel fine,
lo sgocciolare cristallino e lento,

il crepito di scorze aspre e di pine,
i sussulti dell'eco ultimi, il frale
fruscìo di frondi e sgrigiolìo di brine;

che impara a volo il sibilo dell'ale
sue stesse aperte... Anch'ella, sì, la romba
dell'ale sue, la vergine immortale!

Fermava il volo sopra la sua tomba,
tremulo; appiè, gli accordi avea del mare
che sciacqua, stride, squilla, urla, rimbomba.

Cantava ella, chiamando al lor passare
lo sciame, a sé, degli attimi disperso,
e nel ronzante piccolo alveare,

libero, e suo, chiudeva l'Universo!

III

Ed ora è ancora, l'esile fanciulla,
quella che fu. Tutto le par novello.
Ancor non parla: canta; e non sa nulla.

Tutto è fanciullo, tutto è suo gemello,
nato con lei; perciò le piace, e l'ama;
e perché l'ama, è così buono e bello!

Ell'è terrena verginetta grama,
ma il sole è pure della sua famiglia;
e quando va, lo piange e lo richiama.

Sbocciano, dopo, sotto oscure ciglia
occhi ridenti. Sono le sue suore;
tutta la notte ella con lor bisbiglia.

Qualcuna scende fino a lei: ne muore.
Ma le ritrova in mezzo alle corolle,
essa, dei fiori, ancor tremanti il cuore.

Tra fiori e fiori, in cielo e in terra, molle
di guazza anch'ella, muove tra il frastuono,
de' quattro fiumi, all'ombra del bel colle.

E` il tempo primo, il primo tempo buono,
ch'è buona anche la Morte che deforme
segue la vita come l'eco il suono.

Buona anche lei, la nera ombra senz'orme,
la vecchierella che sa dir le fole,
trista bensì, ma che con quelle addorme!

Ognun la schifa. E la fanciulla suole,
benché la tema, esserle pia: s'attarda
spesso a sentire lunghe sue parole:

- C'è buio, sì. Non c'è che un lume, ch'arda.
Son io la guida del meandro vano;
io cieca. E brutta... Non guardarmi! Guarda

solo il lumino. Io vo con quello in mano. -

CANTO TERZO

I.

Fioriva il cielo azzurro già di stami
di fior di croco. "Io era innamorata
di te, ma tu, che amai, non mi riami!

T'amai più che nessuno, più che tutti.
Doni ti feci meglio che una fata:
ma non li prendi: a' piedi te li butti!

22

Fui la tua schiava e t'ebbi come sire;
eppur ti feci, povera fanciulla,
doni immortali: e tu li fai morire!

Io t'ho donato i canti dell'aurora,
quando sbocciava il tutto su, dal nulla:
eppure al mondo niuno li ode ancora!"

Piangea la pura vergine: "Io so molti,
molti altri canti, ma perché li canto,
se tu sei come un morto, e non m'ascolti?

Io ne so uno così tristo e pio,
dolce come l'amore dopo il pianto...
Ma tu non odi, tu non mi ami, addio!

Io voglio andare, e più con te non resto.
Che è? Gli occhi mi pungono. Non voglio...
Salice! Salice! oh! il mio canto mesto!

Un vecchio canto. E non l'udrai, mio bene!
E sembra fatto per il mio cordoglio.
E questa notte sempre al cor mi viene.

Cantate il verde salice! Non t'amo,
ché t'amo sola. E sola io parto. Avanti,
pur mi farò ghirlanda d'un suo ramo.

E non so fare ch'io non pieghi, o caro,
da un lato il capo, e che tra me non canti
il vecchio canto dell'amore amaro..."

II

Ecco... le stelle chine sullo stelo
si richiudean nei bocci rosa ed oro:
trascolorava in oro e rosa il cielo...

l'uomo la vide! Ella sedeva in riva
d'un ruscel fresco, presso un sicomoro.
L'acqua gemeva, l'albero stormiva.

E delle stelle aperte era la bella
sola. Il suo florido alito lontano
giungeva all'aspra terra, alla sorella.

Alla fanciulla, le cadea dagli occhi
dentro il ruscello il pianto. Ed una mano
tenea sul petto e il capo sui ginocchi.

Erano i suoi sospiri che le fronde
facean brusire, e le lagrime amare
facean or sì or no risonar l'onde.

Come era grande, il suo dolore, e grave!
Ma ella lo sentiva tramutare
in un accordo tinnulo e soave.

Ella piangea l'aurora senza giorno,
ella piangea l'amore senz'amore,
e la felicità senza ritorno.

Piangeva sotto il sicomoro, in riva
del bel ruscello. Al grande suo dolore
l'acqua cantava, l'albero brusiva.

Soltanto luce ed ombra era a mirarla,
e la sua voce era esile, di morta,
di morta quando torna in sogno, e parla.

Apriva un po' le palpebre come ali
d'una farfalla, un po' la bocca smorta:
salice... salice... salice...

III

E balzò su, come di sé stupita,
e levò alto e vie più alto un canto,
toccando l'arpa con le lievi dita.

Filò, guizzò nel cielo azzurro ed oro
il puro canto e rimbalzò rinfranto
in un immenso singultìo sonoro.

Sfavillò. Si spegneva... era già spento
No: riviveva e distendea le bianche
ali nel cielo e palpitava al vento.

Risaliva con palpiti e sussulti
alto, più alto, per rinfrangersi anche
in un'onda, in un'ansia di singulti.

Gridò. Morì. Sola le cristalline
lagrime l'arpa ora stillava; quando
risorse la dolcezza senza fine,

riprese il canto, alto tra cielo e mare,
a plorar forte, ad implorare blando,
spezzarsi, unirsi, sospirare, ansare;

un grido, e pace. Ecco le goccie d'oro
tinnir sull'arpa, dalle corde mosse
di quell'acuta gioia di martòro;

e il canto alzarsi e i palpiti argentini
piovere giù, poi risalire a scosse,
a spiri, a strida...
E balzò su, Rossini.

Tacita l'alba, tacita la strada.
Sul mare alcune lievi nubi rosse.
Sopra la terra fresco di rugiada.

Ronzava quella voce di preghiera
e di dolore, quasi ancora fosse
con lui la povera anima; e sì, c'era!

Molle di pianto, egli percosse i tasti
tuoi, clavicembalo, e tu palpitasti...

ASSISA A PIE` D'UN SALICE...

frontespizio
Paolo Ucello
Rossini
Tolstoi

TOLSTOI

I

Cercava sempre, ed era ormai vegliardo.
Cercava ancora, al raggio della vaga
lampada, in terra, la caduta dramma.
L'avrebbe forse ora così sorpreso
con quella fioca lampada pendente,
e gliel'avrebbe con un freddo soffio
spenta, la Morte. E presso a morte egli era!
e Dio gli disse: "Io già non venni a pace
mettere in terra; pace no, ma spada.
Venni a separar l'uomo da suo padre,
figli da madre, suocera da nuora.
I suoi di casa l'uomo avrà nemici".
E Dio soggiunse: "Non cercare adunque
ciò che le genti cercano; ma il regno
cerca di Dio, cerca la sua giustizia!
Né pensare al dimani: esso, ci pensi.
Ad ogni giorno basta la sua pena".
E Dio gridò: "Chi ama padre o madre
su me, non è degno di me. Chi ama,
più di me, figlio o figlia, non è degno
di me. E chi non prende la sua croce
e segue me, non è degno di me".
Ed e' vestì la veste rossa e i crudi
calzari mise, e la natal sua casa
lasciò, lasciò la saggia moglie e i figli,
e per la steppa il vecchio ossuto e grande
sparì. Tra i peli delle ciglia gli occhi
ardeano cupi nelle cave occhiaie,
e gli sferzava intorno al viso il vento
la bianca barba. Tra le betulle irte

andava, curvo sul bordone, ed aspra
scrosciava sotto il grave piè la neve.
E mentre andava, a lui più forte il cuore
un dì batté; spicciava dalla fronte
ghiaccia il sudore ed anelava il petto.
Ond'ei sostò nella nevata steppa
in un crocicchio, in mezzo a grandi selve.
E chiuse gli occhi sotto i fili d'erba
delle sue ciglia. Ma li aprì stupito...

II

E si trovò sotto un pallor d'ulivi.
Ed una voce udì soave accanto:
"Frate Leone, Dio ti benedica".
Ed era un poverello, ch'avea rotta
la tonica e il cappuccio ripezzato,
e scalzo andava, con la tasca al collo
sospesa, cinto d'un capestro i fianchi.
Erano intorno strida di cicale,
canti d'uccelli in chiarità di sole.
E il poverello disse al pellegrino
così: "Frate Leone pecorella,
ben tu scrivesti, ove è perfetta gioia.
Quando giungiamo al nostro loghicciolo
Santa Maria degli Angeli, e la porta
picchiamo, ed esce il portinaio, e dice:
- Chi siete voi? - Siam due dei vostri frati -
e colui dice: - Voi non dite vero;
andate via, che siete due ribaldi -
se noi gli obbrobri sosteniamo in pace;
frate Leone, ivi è perfetta gioia.
E se picchiamo ancora, ed egli ancora
esce e ci caccia con gotate e dice:
- Partitevi indi, o vili ladroncelli! -
se questo ancora noi portiamo in pace;
frate Leone, ivi è perfetta gioia.

E se, da fame stretti pur, picchiamo
e in pianto e per l'amor di Dio preghiamo
ed egli esce e ci batte a nodo a nodo
con un bastone, e noi soffriamo in pace;
frate Leone, ivi è perfetta gioia.
E però scrivi, che se il male al mondo
resta, soffrirlo è meglio assai che farlo;
meglio che dare, è che ti diano; meglio
giacer Abel, che stare in piè Caino.
E però scrivi, che non è nel mondo
pregio maggiore, ch'essere dispetti,
e somigliare, in anco noi volere
beffe, gotate, verghe, fiele e croce,
all'uomo in terra ch'era Dio nei cieli".

III

E per la via moveano i due più oltre.
E li seguiva, a bocca aperta, un lupo,
grande, peloso. E ne vedeva l'ombra
il pellegrino, e lo credè venuto
dietro i suoi passi dalla bianca steppa.
Ma il poverello: "È frate Lupo, un lupo
ch'era omicida pessimo, e la terra
gli era nemica; ma gli accattai grazia
e feci dar le spese, ch'io sapeva
che tutto il male lo facea per fame".
Così dicendo il poverello, il lupo
chiuse la bocca che teneva aperta
per anelare, e mosse un po' la coda.
E per la via moveano i due più oltre.
E la campagna piena era d'uccelli
lieti del sole; e il poverello disse:
"Frate Leone, nella via m'aspetta
tanto che un poco io predichi a gli uccelli".
Entrò nel campo, e cominciò da quelli

ch'erano in terra; e subito a lui tutta
venne la moltitudine infinita
che v'era, di su gli alberi; ed insieme
coglieano il frutto delle sue parole,
aprendo i becchi, distendendo i colli,
movendo l'alie; e quando fine e' pose,
in schiera su frullarono cantando.
E per la via moveano i due più oltre.
Ed un mendico venne loro incontro
e chiese loro carità d'un pane
per Dio; ma il poverello nella tasca
non avea pane, e n'era assai dolente.
Ma un libro avea, ch'era il sol che avesse,
ed e' lo prese dalla tasca, e diello
all'uom digiuno, e: "To'" gli disse "e vendi
questo a chi voglia, poi ch'a me non giova:
e compra pane, e Dio ringrazia e loda".
E questi prese il libricciolo e corse
verso una terra, per mutarlo in pane.
E 'l libro era il Vangelo di Gesù.

IV

Nella città rissavano i maggiori
ed i minori; e gli uni avean le spade,
gli altri i pugnali, ed erano di cenci
questi coperti, e que' vestian di ferro;
gli uni più forza, gli altri avean più odio.
Ed ai minori si mescean le donne
forte strillanti e i figlioletti ignudi.
E quelle labbra quasi rosse ancora
del bere al petto, impallidian già d'ira.
E dagli obbrobri si veniva al sangue.
E il poverello si gettò nel mezzo
a gl'infelici, ferro fosse o cenci
lor vestimento, avessero più forza

ovver più odio, e per il santo amore,
e questi e quelli scongiurò, ch'è Dio.
E pregò tutti, poveri e banditi,
servi e padroni, artieri ed aratori,
vergini e spose, giovani e vegliardi,
malati e sani, gente d'ogni lingua,
uomini d'ogni parte della terra,
quelli che sono, quelli che saranno,
li pregò tutti, esso minor di tutti,
di star uniti, di formar un solo,
un solo in terra, come un solo è in cielo.
Così pregava e caddero le spade
ed i pugnali, e ruppero in singulti
uomini e donne, e gli uomini di ferro
prendean in collo i cattivelli ignudi,
che ognun vedesse tra la turba il Santo.
E tutti insieme, tese al ciel le mani,
davano lode a Dio ch'aveano in cuore,
che mai non muta, cui non vede alcuno,
né alcun comprende, dolce, alto... e la terra
tutta echeggiava Amore! Amore! Amore!
Ma il Santo volto al suo compagno: "Frate
Leone," disse, "or va per altra via,
ché a me conviene ora fuggir celato..."
E sparve. E l'altro uscito dalla terra
andò ramingo per ignote strade.

V

E si trovò nel mezzo a una pineta.
Misto d'incenso v'era odor di mare.
Udì lontano un suono di compieta.

Pianger parea la squilla il dileguare
ad occidente d'assai più che un giorno!
E là tra il nero era un lucor d'altare.

Parea, la selva, un tempio. E quando intorno
tacque la squilla sola, ecco dei pini
s'udì l'aereo murmure piovorno.

Stridiano sulle stipe e sugli spini
tremuli i grilli, e rispondean le rane
a quando a quando di su gli acquastrini.

E notte venne, e fu tutt'ombre vane
l'antica selva, e risonò di rotte
grida di fiere e forse voci umane.

Uno sfrascare, un galoppare a frotte,
un grido acuto, e poi silenzio ancora,
e l'ansimare solo della notte.

E sorse il lume d'una strana aurora
notturna, che le strigi vagabonde
fece fuggir con muti voli anzi ora.

Trascolorò sotto le pallide onde
il tempio immenso con veloci fiumi
ed alte guglie e cupole rotonde.

E il pellegrino, in mezzo al lento fumi-
gare di luce vivida e spettrale,
un uomo vide lento errar tra i dumi.

Veniva dal gran Carro boreale.
Solcato d'ombre era il suo volto macro,
e fisso l'occhio, e sempre, il passo, uguale.

Egli avanzava per il luogo sacro,
tra un'infinita fuga di colonne.
Lo accompagnava il suono del lavacro

del mare eterno... di quell'altro insonne!

VI

E vide il vecchio, e gli mormorò: "Pace".
E il vecchio scosse il capo: "Andai, lontano,
   per aver lei, da tutto ciò che piace!"

"Io fui cacciato": mormorò il silvano.
E poi soggiunse: "e mi sbalzò sul flutto
   d'ogni procella il folle vento vano.

Così mostrai le piaghe mie per tutto.
Altro non fui che pianta di mal orto,
   pianta silvestra senza fior né frutto.

A me fu questo che tu vedi, il porto.
Per questa selva m'aggirai cattivo
   e lasso e tristo e cieco e nudo e morto.

Morto non pur, ma come non mai vivo.
Era il mio nome per fuggir disperso,
   qual foglia secca su corrente rivo.

DANTE, il mio nome. Ero nel nulla immerso,
quando, guardato in viso la ventura,
   sorsi e descrissi tutto l'universo.

Descrissi l'uomo, e il sonno nell'oscura
selva e il risveglio, e l'apparir di fiere,
   l'una che attrae, la coppia che spaura.

Mi seppellii sotterra per vedere.
Vidi né vivi i più né morti, vidi
   gli uomini bestie e l'anime più nere.

Ebbro di lai, d'urli, di guai, di gridi,
mi lasciai sotto capovolto il male,
e giunsi a santi solitari lidi.

A un santo monte su per aspre scale
salii, dove la pena era gioconda.
Gli angeli ventilavano con l'ale.

Nel fuoco entrai. N'ebbi la vista monda.
Entrai là dove bene è ciò che piace,
e l'uomo oblìa, poi si rinnova, all'onda

di sacre fonti. E ritrovai la pace".

VII

Poi disse: "Ritrovai la beatrice".
E il vecchio parve domandar qual era
quel monte, lungi, dov'è l'uom, felice.

Spirava un'aura placida e leggiera
che scivolava sopra i larghi pini,
recando odor di mare e primavera.

E con sommessi sibili tra i crini
irti soffiava, e giù garrian gli uccelli,
nell'ombra nera, gl'inni mattutini.

Già si vedean fioriti gli arboscelli
appiè dei pini, e l'acqua bruna bruna
moveva là, di limpidi ruscelli.

E il vincitore della sua fortuna
disse: "Non mossi il piè di qui. Del pianto
o della gioia, questa selva è una".

Sorgeva il sole; e più che dolce, intanto,
tra il sibilare de' chiomati rami,
fra l'infinito rompere del canto

degli uccelletti e il rombo degli sciami
e il singulto dell'acque andanti e l'almo
odor delle viole e de' ciclami,

accompagnato dal respiro calmo
del mare eterno, su per la pineta
veniva il suono d'un eterno salmo.

Venìa Matelda lieta oprando, lieta
cantando, con sue pause per un fiore,
sempre movendo verso il suo poeta.

Ora la selva antica dell'errore
e dell'esilio e d'ogni trista cosa,
splendea di gioia e sorridea d'amore.

Dall'oriente acceso in color rosa,
cinta d'ulivo sopra il bianco velo,
perennemente a lui scendea la sposa,

per trarlo in alto, al Libano del cielo.

VIII

E si trovò tra massi di granito,
il pellegrino, irsuti di lentisco
e di ginepro, e v'odorava il timo
e l'acre menta e il glauco rosmarino
dai fior cilestri. E vi s'udìa lo zirlo
dei tordi e il trillo delle quaglie e il fischio

dei merli. E sparso era un armento bigio
d'onagri. E stava, sopra un masso a picco,
bianca una vacca avanti il mar tranquillo.

Ed era quella un'isola selvaggia,
con grande odor di regamo e di salvia.
Pascea sui picchi la solinga capra,
pascean le vacche chiuse nella tanga.
Né rissa mai v'ardeva, se non l'aspra
voce talora alta mettea la mandra
degli orecchiuti. E il mare sussurrava
come un po' stanco, con la placid'ansia
quasi di sonno, all'ineguale spiaggia.

Pur altre volte il vento udire il rullo
facea di cupi timpani e l'acuto
squillo di trombe, andando al ciel lo spruzzo
salso del mare; e un secco fragor lungo
dava, ai macigni ed allo scoglio, d'urto.
Fuggiano il vento pallide le nuvole,
accavallate all'orizzonte oscuro;
e palpitava scosso da un sussulto
il cielo, il cielo che v'è sempre azzurro.
Ma il sole allora limpido come oro,
scaldava i pingui cavoli nell'orto,
le prime fave, i fiori del fagiolo.
E del fior d'uva già per l'alto poggio
spremea l'odore. E i petali di fuoco
già dei gerani trasparian dal boccio.
E luccicava l'àlbatro e l'alloro...

IX

E il pellegrino vide un uomo rosso
che arava. E miti vacche erano al giogo.

36

Ed un altr'uomo, che vestìa di fiamma,
spargeva il seme con man lenta e savia.
Ed un altr'uomo, che vestìa di grana,
copriva il seme con la grave zappa.
E l'aratore dalla fronte larga
spargea sudore, e lietamente arava
con un sorriso tra la fulva barba.
La chioma bionda fluttuava all'aria.
Specchiava il sole la pupilla chiara.

E venner altri da vicini tetti
recando cibo, che vestìano anch'essi
tuniche rosse. Avevano nei cesti
fave fumanti e pan raffermo e pesci
seccati al vento. All'ombra di due lecci
sederon tutti, come dei, sereni.
Erano a loro sassi erbosi i seggi,
sassi le mense. E sparsi per i greppi
parlavan olio e grano, uve ed armenti.

E già pasciuti, bevvero sul pane
acqua di pozzo. Non aveva altre acque
l'isola dura, né, pur mo' piantate,
davan le viti ciò che fa buon sangue.
Né altro dava l'isola, che piante
di pino e tasso buoni per le fiamme
d'un grande rogo. Un'isola di capre
era, silvestri. Qualche angusta valle
sola pativa il ferro delle vanghe.

E il pellegrino s'indugiava, e stette
molto ammirando l'eremita agreste,
che aveva in odio lotte, risse e guerre,
che sazio e lieto, tolte ormai le mense,
sorgea dicendo: "Nella pace è il bene!"

X

Ma improvvisa ecco nitrì Marsala,
passò nitrendo la giumenta baia
libera e nuda. Un vento di battaglia
precipitò sull'isola selvaggia.

Era il corsaro, era il filibustiere
sfidante il fuoco in mezzo alle tempeste,
era il cavalcatore, era il truppiere
volante via tra un flutto di criniere,
via per le Pampe, via per le foreste,
un contro cento, e ora e dopo e sempre!

Era il romano difensor dell'Urbe:
Mario gli diede i fasci con la scure:
egli passò tra quattro genti, immune,
dalla tua rupe, o Giove, alla tua rupe,
Titano, da San Pietro alla Palude,
come l'eroe nascosto in una nube!

Era il nocchiero che volgea la barra
del navil mosso a ricercar l'Italia,
dietro una stella; e nel chiaror dell'alba
s'udì gridare: Italia! Italia! Italia!
Ella apparia tra fuoco ardente e lava
fumante. Egli vi scese con la spada...

E la giumenta ripassò nitrendo,
squillò quel ringhio come tromba al vento,
stettero, grandi, alti, col mento eretto,
guardando lungi, in fila ed in silenzio,
gli uomini rossi. Ognun pareva intento
a un'ombra dubbia, ad un rumor sospetto...

Ma l'aratore il liscio collo e l'anche
palpò plaudendo con le mani cave
alla giumenta e dielle del suo pane...
E presso lui si fece il vecchio errante,
vestito al modo delle sue campagne.
"Mugik eroe" disse: "io vuo' qui restare".

SVB ARBVTO

39

9203790R00026

Printed in Germany
by Amazon Distribution
GmbH, Leipzig